AF454655

LE

GRAIN DE BEAUTÉ

SCÈNE VAUDEVILLESQUE A DEUX PERSONNAGES

PRIX : 75 CENTIMES

1896

PARIS

BIBLIOTHÈQUE DE LA *NOUVELLE REVUE MODERNE*
152, RUE DE BELLEVILLE

OU CHEZ L'AUTEUR

A PIERRY-ÉPERNAY (MARNE)

LE GRAIN DE BEAUTÉ

LE

GRAIN DE BEAUTÉ

SCÈNE VAUDEVILLESQUE A DEUX PERSONNAGES

A MLLE DE KERVEN

Pensionnaire de l'Ambigu.

PERSONNAGES :

Léon de Mersin,

Mme de Mersin,

(La scène se passe dans le cabinet de travail de M. de Mersin).

M. et Mme de Mersin sont rentrés de soirée. Pendant que Madame est allée se déshabiller, Monsieur est passé dans son cabinet de travail où sa femme ne tarde pas à venir le retrouver.

LÉON DE MERSIN (*seul*).

S'il m'était encore possible de changer de carrière, en vérité, je le ferais et si je pouvais surtout retourner au célibat, je n'y manquerais pas. O calme du cloître, que n'ai-je jamais aspiré vers toi ! Que ce doit être bon ! Pardieu ! j'aurais pu me faire moine tout comme un autre. Je n'aurais eu que l'embarras du choix : franciscain, bénédictin, dominicain, chartreux, trappiste même. Décidément, trappiste eût fait mon affaire. J'aime cultiver la terre, moi. Mes quelques rares bons moments, sont encore ceux que je passe dans mon jardin de Suresnes ; au moins là le manche de ma bêche ne me querelle pas et les salades et les choux n'ont que des sourires à m'adresser.

Chaque matin d'été, avant de me rendre à mon bureau, je ne manque pas d'aller faire une visite à ces légumes chers à mon estomac. Ils ont bonne mine en leurs progrès verdissants, grandissants et pomants. Ils semblent reconnaissants de ma visite et des soins que je leur donne. Dame ! je les débarrasse de leurs limaces, que je vais porter à mes poules qui en sont friandes. Je fais plaisir à tout le monde comme ça. Oui, j'ai des poules aussi et des coqs, avec lesquels je fais des études de mœurs. Ah ! l'on n'y fait pas toujours bon ménage, dans ma basse-cour ! Hum ! Si encore il n'y avait que là.

Tenez, puisque vous voilà déjà confidents de chagrins devinés, il faut que je vous dise tout. Au surplus, ça me soulagera.

Eh ! bien oui, le grand mot est lâché : ma femme est jalouse et collet monté. S'il est permis... je suis un saint... elle a affaire à un saint et ne parait nullement s'en douter. Que dis-je ? Elle affecte tout le temps de n'en rien croire et vous croyez que c'est vivre !

Dans une pareille situation d'esprit, elle devrait avoir le monde en horreur. Eh ! bien, point. Elle ne rêve que bals, soirées. Ce n'est point moi qui débauche ma femme, c'est au contraire ma femme qui me débauche et me vaut des tentations de saint Antoine. Toutes choses contraires à mon caractère, vous dis-je. Après que j'ai trimé dans mon ministère, où je n'ai pas durci que la partie qui s'asseoit, mais bien aussi mon cerveau, je n'aspire plus qu'à un tête à tête bien bourgeois, d'abord dîner, ensuite m'endormir sur les colonnes de mon journal et enfin gagner le lit conjugal.

Mais non, ce bonheur ne m'est pas permis. Au lieu de

cela, un surmenage mondain qui, je vous l'assure, ne laisse pas le temps à mon habit de prendre un mauvais pli.

Et c'est presque tous les soirs que nous sortons et qu'à peine rentrés, j'essuie les reproches à jet continu de la part de ma femme... En voulez-vous des reproches...

Je suis moulu, courbaturé et malgré cela je ne suis pas pressé d'aller me coucher.... il est toujours assez temps d'être dévoré par les moustiques... moraux.

Qu'est-ce que je disais ? ma femme me relance jusqu'ici... Elle n'a même pas pris le temps de se déshabiller tout-à-fait, tant elle est pressée de venir me laver la tête.... Voyez ces bras nus. Ne devraient-ils pas n'être faits que pour m'enlacer le cou affectueusement. Ils sont beaux, savez-vous, les bras de ma femme. Si elle le voulait... au lieu de cela, elle me fait une vie atroce. Allons! Voilà un nouvel orage qui s'apprête et bientôt il n'y aura plus assez de parapluies au Bon-Marché pour me permettre d'essuyer l'averse...

Mme DE MERSIN.

Non, il n'est plus de sécurité pour moi. Au lieu de ne faire danser que des femmes mariées comme moi, vous mon mari. vous, un sans-pudeur...

LÉON DE MERSIN (*bas*).

Monsieur Bérenger, à mon secours !....

Mme DE MERSIN.

Vous ne recherchez que les jeunes filles.... Dites, est-ce convenable ?... Parmi vos connaissances, est-il un seul homme marié qui ait votre conduite ?....

LÉON DE MERSIN.

Oui. oui, tu tiens joliment à m'en pénétrer, que je suis un homme marié... un homme enchaîné plutôt. Tu sais. pour le premier emploi vacant de garde-chiourme. je te recommande à mon ami Geantis. chef de division au ministère de l'intérieur...

Mme DE MERSIN.

Et c'est ainsi que vous vous moquez de mes récrimina
tions, de mes revendications? Je suis une femme méconnue,
sacrifiée, qui n'est plus respectée, à qui l'on préfère les
minois Yvette Guilbertés avec accompagnement de gants
et de bas noirs. Niez-le donc ! Qu'est-ce que c'est que cette
fille que vous faisiez danser, la fille d'une cabotine des Folies-
Bergères : parce que la mère prêtait son concours à cette
soirée, était-ce une raison pour faire danser la fille ? Qui
me dit que vous ne flirtez pas avec toutes les deux, quand
vous passez vos soirées sans moi dans cette salle où se
donnent rendez-vous toutes les impuretés du siècle... Je ne
sais jamais bien où vous allez, moi...

LÉON DE MERSIN.

Comme si je n'étais pas sans cesse sous la surveillance de
la haute police !...

Mme DE MERSIN.

Allez ! je vous ai bien remarqué, pendant que je valsais
avec votre collègue... un homme bien comme il faut, votre
collègue...

LÉON DE MERSIN.

Hein !...

Mme DE MERSIN.

Vous n'aviez d'yeux que pour cette grande fille horrible-
ment décolletée et à la tignasse rousse. Ne devriez-vous pas
plutôt regarder à vos pieds, que d'enfoncer ainsi vos regards
dans le corsage d'une femme ?...

LÉON DE MERSIN.

C'est ça... Condamnez-moi à porter des lunettes à verres
fumés ! Convenez cependant que c'est beaucoup plus
agréable de voir tout en rose, que de voir tout en noir...

Mme DE MERSIN.

Et avec quelle chaleur vous entreteniez la conversation !

Léon de Mersin.

Pourquoi ne l'avouerais-je pas ? Sa conversation n'était point banale du tout. Elle causait avec beaucoup de charme et beaucoup d'esprit du dernier roman : *Autour du devoir*. de Louis de Vaultier.

Mme de Mersin.

Évidemment, sa conversation devait être beaucoup plus plaisante que celle de votre femme. Dites le mot : elle vous a paru moins pot-au-feu que moi-même... Il faut à Monsieur des mets pimentés, maintenant...

Léon de Mersin.

Ma chère amie, je ne te reconnais plus..... Je ne t'ai jamais fait que des compliments sur la façon dont tu soignes le pot-au-feu. Sans cesse même je te manifeste que je prise beaucoup la femme d'intérieur...

Mme de Mersin.

C'est-à-dire que vous me subissez et que dans votre égoïsme vous ne m'estimez que pour le bien-être que vous vaut ma sage organisation. Bien obligée. Vous êtes d'autre part de ceux qui, si bon que soit le moka chez soi. préfèrent l'aller prendre au café. Vous aimez sans doute mieux accorder à une autre femme votre amabilité, votre esprit et sans doute votre cœur.

Léon de Mersin.

Mais c'est insensé. ce que tu dis-là.

Mme de Mersin.

Croyez-vous que je n'aie pas bien remarqué le serrement de main plein de tendresse que vous donniez à cette fille au moment de la quitter. cela ressemblait fort à un accord tacite. Prenez garde. je vous surveillerai plus que jamais et aux premières preuves sérieuses, je divorce.

Léon de Mersin.

Que de grands mots, ma femme ! Oh ! tu peux te rassurer !
En fait de surveillance, tu en seras pour ta courte honte.

Mme de Mersin.

De la fille, vous passez très allègrement à la femme du
monde. Quel empressement vous avez mis à ramasser
l'éventail de Mme de Flanchy et combien vous paraissiez
fier de ce qu'elle vous avait accordé une polka. Ce devait
être bien intéressant ce qu'elle vous disait. Vous aviez
constamment le sourire sur les lèvres.

Léon de Mersin.

Vraiment, il faut bien peu de chose pour te porter om-
brage. Nous n'avons fait que causer de la pluie et du beau
temps...

Mme de Mersin.

En tous cas, vous paraissiez la trouver fort à votre goût...
et toujours les mêmes feux plongeants dans le corsage...

Léon de Mersin.

Conviens que tu deviens de plus en plus déroutante !
Quand a-t-on vu, pour ne citer que cet exemple, passer de-
vant un parterre de fleurs aux magnifiques couleurs et aux
odorantes senteurs, en affectant de ne les point voir et de
ne point les regarder ?
Voilà, ce me semble, de la logique.

Mme de Mersin.

Oui, mais il y a regarder et regarder.

Léon de Mersin.

Est-ce un ordre pour moi de n'avoir plus à considérer
désormais les dames des autres qu'avec des yeux de dogue ?
Si oui, je me déclare incapable de commettre pareille
hérésie. Ça te plairait donc que je te regarde ainsi ?

Mme DE MERSIN.

Moi n'est pas une autre.

LÉON DE MERSIN.

Je vois que je n'aurai jamais le dernier.

Mme DE MERSIN.

Pourquoi, lors du souper par petites tables, avoir eu ces attentions extra-galantes à l'égard de votre voisine, avec laquelle vous paraissiez trop oublier que vous avez une femme légitime...

LÉON DE MERSIN (*bas*).

Bon ! Encore les feux plongeants...

Mme DE MERSIN.

Oh ! je vous ai bien observé.... Vous lui avez baisé la main...

LÉON DE MERSIN.

Pure espièglerie, ma chère...., privanté sans conséquence..

Mme DE MERSIN.

Je vous défends, Monsieur, de jouer avec le feu...

LÉON DE MERSIN (*bas*).

Brrr ! ! !

LÉON DE MERSIN (*haut*).

En vérité, je te le dis, moi, qui pourtant n'observais pas et ne jouais pas le rôle d'un policier, je plains ton voisin de petite table, si tu as eu, en face de lui, la tête d'une fervente de l'Armée du Salut...

Mme DE MERSIN.

Sachez avant tout, Monsieur, que vous avez une femme vertueuse...

LÉON DE MERSIN.

Oui : mais qui gâte terriblement ses vertus par son état permanent de jalousie ; aussi c'en est fini de mon sommeil pour le reste de la nuit, même, ce que j'espère pourtant, avec la cessation de ces litanies...

Mme DE MERSIN.

Vous m'écouterez jusqu'au bout, Monsieur...

LÉON DE MERSIN (*bas*).

Elle me crispe à la fin...

Mme DE MERSIN.

Ceci, c'est plus grave. Dans le jardin d'hiver attenant à l'un des salons — vous croyant bien dissimulé par les feuilles d'un palmier — je vous ai surpris vous penchant sur l'épaule d'une femme à qui vous donniez le bras, et l'effleurer d'un baiser.

LÉON DE MERSIN.

C'est faux, te dis-je ! décidément la jalousie te trouble et te rend folle...

Mme DE MERSIN.

Vous m'insultez maintenant. Vous voulez donc que tout soit immédiatement rompu entre nous...

LÉON DE MERSIN (*bas*).

Les feux plongeants, oui ; mais le baiser, jamais, jamais, jamais !

LÉON DE MERSIN (*haut*).

Quelle réputation ! Quelle réputation ! Tu ne désirerais pas parfois aller te coucher... pour moi un peu de calme m'agréerait fort... je passerai bien le reste de la nuit sur le canapé.

On dit que la nuit porte conseil... il est encore temps d'en profiter, et quand tu descendras pour déjeuner à midi, ce petit cerveau, désemparé peut-être par les fumées du champagne, aura repris son aplomb. Tu me jugeras mieux alors et notre tête-à-tête sera redevenu charmant comme au jour où, ayant quitté papa et maman, nous nous sommes retrouvés rien que nous, bien à nous, dans notre petit appartement de la rue d'Assas... *Enfin seuls !* comme sur la gravure, d'après Tofano.

Mme DE MERSIN.

Yvon, il est trop tard, vous avez gâté notre ménage à tout jamais.

LÉON DE MERSIN (*bas*).

Yvon ! il y a une légère amélioration ; il y avait longtemps que ce nom d'Yvon ne m'avait sonné aussi agréablement à l'oreille.

C'est égal, malgré les misères qu'elle me fait subir depuis quelque temps, malgré qu'elle ait rénové à mon endroit l'Enfer du Dante, je l'aime tout de même bien ma petite femme...

LÉON DE MERSIN (*haut*).

A tout jamais ! Peux-tu bien parler ainsi, quand nos deux printemps réunis constituent à peine un été ?

Tiens, allons moins dans le monde, tenons-nous davantage à la maison, je ne demande que ça, tu le sais bien, Jeanne... Je te donnerai moins de sujets de jalousie par là-même et n'en aurai que plus le temps de te contempler, car sans flatterie, tu es bien digne de cette contemplation.

Mme DE MERSIN.

Etes-vous bien sincère, et qui me prouve si, donnant par hasard une soirée chez moi-même, vous n'aurez pas encore une fois plus d'yeux pour les autres femmes que pour la vôtre ? Non, Yvon, je ne puis me faire à cette idée que, même en pensée, vous ne soyez pas exclusivement à moi. J'ai bien peur d'avoir toujours à vous reprocher les mêmes péchés par pensée, voulant bien croire qu'ils n'ont jamais eu lieu par paroles et surtout par actions.

LÉON DE MERSIN (*bas*).

Enfin, toujours la même histoire des feux plongeants ? Ne

faut-il pas finir par croire qu'il y a là une double obsession qui consiste de ma part à toujours vouloir découvrir le grain de beauté chez une femme et de la part de Jeanne à toujours se figurer que mes yeux courent à cette découverte ?

Léon de Mersin (haut).

Eh bien ! oui, je finis par où j'aurais dû commencer et j'ose t'avouer que je ne trouve rien de piquant et d'agréable à l'œil, comme un grain de beauté placé entre deux seins neigeux. Du jour où je l'ai aperçu chez toi pour la première fois, j'ai toujours espéré le découvrir chez toute femme décolletée. Appelle cela de la monomanie si tu veux ; mais je m'en fie à ce que péché avoué, est à moitié pardonné.

Mme de Mersin.

Dis que je te le pardonne tout à fait. Aussi bien je veux être beaucoup moins mondaine que par le passé. N'est-ce pas d'ailleurs le devoir d'une future mère de famille ?....

Embrassons-nous !

MORALE EN UN COUPLET.

Elle est collet monté,

Un mari chez sa femme

Voit bien moins, sur mon âme,

Certain grain de beauté.

Car le décolleté

Sur les autres domaines,

En causant bien des peines,

Ne peut qu'être scruté.

De tout ménage
Il y va de la paix,
De la paix
De tout ménage.

Armand BOURGEOIS.

Chalons, imp. Martin frères